NOTICE

SUR LA

NATION MAROUNITE

ET

L'ŒUVRE DE LA TERRE SAINTE

FONDÉE POUR RÉTABLIR LES ÉGLISES ET ÉCOLES
DE CETTE NATION.

SE VEND AU PROFIT DE L'ŒUVRE.

LAVAL

Imprimerie de H. GODBERT, Libraire & Lithographe.

1851.

NOTICE

SUR LA

NATION MAROUNITE

ET L'ŒUVRE DE LA TERRE SAINTE.

Loin d'être effrayés de la multiplicité des œuvres de charité en France, nous venons avec confiance en proposer une nouvelle, sachant que la charité ne se lassera jamais tant qu'il y aura des misères à secourir, des douleurs à consoler; que loin de se nuire, les bonnes œuvres nouvelles sont un aliment de plus à ce feu dévorant qui rend ses flammes plus ardentes et plus vivifiantes.

L'œuvre que nous proposons est une société de secours pour la terre rendue sainte par la présence de notre Sauveur. Chacun sait que cette terre gémit sous le joug musulman; que délivrée pendant deux siècles par le courage des croisés de toutes les nations, en particulier de la France unie aux Marounites, elle est retombée jusqu'à ce jour, sous cette brutale et sanglante domination. Les récits des historiens et des voyageurs ont souvent fait connaître les malheurs de cette terre sainte et désolée, où il ne resterait pas un seul catholique sans un peuple choisi de Dieu, pour conserver la croix aux lieux où elle fut plantée; peuple admirable par sa divine mission, le courage et le dévouement qu'il met à l'accomplir, nous voulons parler de la nation Marounite.

✝ Les Marounites, Syriens d'origine, furent convertis dès les premiers temps du christianisme par les prédications de l'apôtre saint Pierre, lorsqu'il vint établir son premier siège à Antioche, avant d'aller fonder à Rome le siège du vicaire de Jésus-Christ (1). Lorsque, pendant les trois premiers siècles de l'Eglise, les hérésies s'élevèrent et déchirèrent son sein, la Syrie, plus que les autres

(1) C'est en mémoire de cette circonstance que le patriarche d'Antioche joint encore aujourd'hui le nom de Pierre à son propre nom.

Voyez les témoignages des souverains pontifes Pie IV, Benoît XIV, Clément XII, Clément VIII, Paul V, Urbain VIII, Clément XI, Pie VII et les conciles du Liban etc., en faveur de la perpétuité de la pureté de la foi catholique des Marounites, etc.

contrées, fut agitée par ces tempêtes soulevées par les Ariens, les Eustathiens, etc.; souvent des luttes sanglantes s'engagèrent entre les défenseurs de la vérité et les fauteurs de l'hérésie.

Ce fut à cette époque de troubles, vers la fin du ive siècle, qu'un saint ermite du mont Kouroush, nommé Maroun (2), fonda aux bords de l'Oronte, une Thébaïde où il réunit un grand nombre de moines; leurs ennemis, les nommèrent par dérision *Marounites*. Ce nom que les hérétiques jetaient à ceux des chrétiens qui étaient restés fidèles à leur foi, devint leur titre de gloire, et la preuve de leur attachement aux enseignements de l'Eglise romaine.

Pendant les persécutions des hérétiques, trop souvent soutenues par les empereurs de Constantinople, les chrétiens de Syrie cherchèrent un refuge dans les montagnes du Liban et de l'anti-Liban; là, défendant leur foi, les armes à la main

(2) Les restes de saint Maroun sont encore à Rome ; trois souverains pontifes ont accordé une indulgence plénière à ceux qui se prépareraient à célébrer sa fête par la réception des sacrements de Pénitence et d'Eucharistie.

Voyez pour plus de détails, l'ouvrage de M. de la Roque: *Voyage en Syrie et dans le Liban* ; la notice et l'ouvrage complet de M. de Malherbe, l'ouvrage de M. Lamartine ; l'*Histoire des Marounites*, en latin, imprimée à Rome dans le missel, une notice historique *sur les Marounites*, en italien, imprimée à Rome ; les relations de plusieurs jésuites et autres voyageurs en Orient.

les Marounites jetèrent les fondements de leur nationalité : retranchés dans les pics élevés de leurs montagnes, soutenus par les exhortations des moines de saint Maroun, ils défièrent leurs ennemis, restèrent fidèles à la foi catholique et aux traditions apostoliques. Cependant il manquait un lien à cette nation née du catholicisme, le seul lien qui pût assurer sa durée, un lien catholique. L'année 686 apporta aux Marounites cette sanction de leur nationalité: saint Jean Maroun fut élu patriarche d'Antioche sur la demande des Marounites et des Latins, le titre de son patriarchat fut particulier à la nation Marounite.

Au ixe siècle, le kalife Haroun el Raschid, accorda à l'empereur Charlemagne, le protectorat de la Terre-Sainte. De cette époque glorieuse date le droit de protection de la France en faveur de la chrétienté de l'Orient.

L'empire grec penchait vers sa ruine, la Terre-Sainte était aux mains des infidèles ; la France répondant noblement à la voix du souverain Pontife, leur arrachait leur conquête et plaçait la couronne sur le front de Godefroy de Bouillon ; les Marounites avaient reçu les français en frères, avaient joint leurs armes à celles des défenseurs de la croix. Tout le temps que dura le royaume de Jérusalem, les Marounites, gouvernés par leurs princes sous la suzeraineté du roi français, mêlèrent leur sang dans de nombreux combats et par de nombreuses alliances. Plus tard, lorsque saint Louis vint en Syrie, les Marounites rendirent de tels services que le roi crut devoir les reconnaître par la concession d'une Charte que nous reproduisons comme un monument glorieux pour la nation Marounite.

LETTRE DE SAINT LOUIS, ROI DE FRANCE.

Au prince des Marounites du mont Liban, ainsi qu'aux patriarches et évêques de cette nation.

« Notre cœur s'est rempli de joie, lorsque
« nous avons vu votre fils Simon à la tête de
« 25,000 hommes venir nous trouver de votre
« part pour nous apporter l'expression de vos
« sentiments, et nous offrir vos dons, outre les
« beaux chevaux que vous nous avez envoyés.
« En vérité la sincère amitié que nous avons
« commencé à ressentir avec tant d'ardeur pour
« les Marounites, pendant notre séjour à Chypre,
« où ils sont établis, s'est encore augmentée.
« Nous sommes persuadés que cette nation que
« nous trouvons établie sous le nom de saint
« Maroun, est UNE PARTIE DE LA NATION FRAN-
« ÇAISE: car son amitié pour les français ressem-
« ble à l'amitié que les français se portent entre

« eux ; en conséquence il est juste que vous , et
« TOUS LES MAROUNITES JOUISSIEZ DE LA MÊME
« PROTECTION DONT LES FRANÇAIS JOUISSENT
« PRÈS DE NOUS , que vous soyez admis dans les
« emplois comme ils le sont eux-mêmes. Nous
« vous invitons , illustre prince , à travailler avec
« zèle au bonheur des habitants du Liban , et
« de vous occuper de créer des nobles parmi les
« plus dignes d'entre vous comme il est d'usage
« de faire en France. Et vous , seigneur patriar-
« che, seigneurs évêques , tout le clergé , et
« vous peuple Marounite , ainsi que votre noble
« prince , nous voyons avec une grande satisfac-
« tion votre ferme attachement à la religion
« catholique et votre respect pour le chef de
« l'Eglise, successeur de saint Pierre à Rome ,
« nous vous engageons à conserver ce respect et
« à rester toujours inébranlable dans votre foi.
« QUANT A NOUS ET A CEUX QUI NOUS SUCCÈDE-
« RONT SUR LE TRÔNE DE FRANCE, NOUS PRO-
« METTONS DE VOUS DONNER , A VOUS-MÊME ET
« A VOTRE PEUPLE, PROTECTION COMME AUX
« FRANÇAIS EUX-MÊMES, et de faire constam-
« ment ce qui sera nécessaire pour votre bonheur.
« Donné près de Saint-Jean-d'Acre, le 21[e]
« jour de mai 1250, et de notre règne le 24e. »
Ainsi les Marounites sont proclamés par saint

Louis, les Français de l'Orient ; après lui, tous les rois de France, et la République elle-même, renouvelèrent souvent les lettres de protection en faveur des Marounites. Or en Orient le protégé a droit aux mêmes privilèges que la nation qui le protège. Ainsi la nation Marounite a les mêmes droits que la nation française, c'est donc ce qui fait que la France est engagée d'honneur au redressement de ses griefs.

La nation Marounite, combattant sans cesse les Sarrazins et les hérétiques, avait grandi ; elle poursuivit sa mission conservatrice de la foi à travers les siècles, non sans éprouver par fois de terribles catastrophes et des changements de dynasties. Lorsque celle des Tenourh s'éteignit, le chef de la famille Maan fut porté au pouvoir par les Karam, (le R. P. Azard appartient à cette famille), tribu influente. Cette famille régna jusqu'au XVIIe siècle ; alors la dynastie des Schehab fut portée au trône par les grandes familles Marounites, l'émir Bechir, dernier prince du Liban, lui appartenait. Bonaparte rechercha leur alliance et reçut à Saint-Jean-d'Acre, des vivres que les Marounites envoyaient à leurs frères les Français. Il ordonna à son secrétaire interprète, de leur dire de sa part qu'il reconnaissait que les Marounites étaient Français de temps immémorial.

Comment cette nation heureuse et libre a-t-elle pu tomber au dernier degré de la misère ?... Ne sondons point l'abîme d'iniquité creusé par une nation bassement jalouse de l'influence française et qui lui est perfidement alliée, que Dieu lui pardonne le sang des chrétiens dont elle a payé le massacre !... L'émir, attiré dans ses pièges, est emmené captif à Malte, puis livré à la Turquie ; dans un mois l'émir et deux de ses fils sont morts, on pense qu'ils ont été empoisonnés.

On sait tous les efforts que fait cette puissance pour se frayer un chemin direct vers les Indes. Méhémet Ali, gardant le passage de la mer Rouge, l'Angleterre estima il y a quelques années qu'elle aurait plus de facilités par l'Euphrate : un service de bateaux à vapeur y fut organisé. Il ne fallait plus qu'un canal ou un chemin de fer de 40 lieues pour relier ce fleuve à la Méditerranée, des études furent faites dans la vallée de l'Oronte qui s'étend au pied du Liban, et, pour s'éviter les difficultés qu'elle éprouvait à l'isthme de Suez de la part du vice-roi d'Egypte, l'Angleterre résolut de dominer le pays en se substituant tout simplement à la France dans le protectorat de cette dernière. Un collège protestant fut aussitôt érigé au pied du Liban, des bibles furent répandues dans la Montagne ; les bons Maronites s'aperçurent bientôt que le collége et les bibles étaient entachés d'hérésie, ils y renoncèrent, jetèrent au feu tous les livres hétérodoxes, et désespérèrent si bien les professeurs du collége anglican, qu'ils battirent bientôt en retraite. Alors l'Angleterre voyant qu'elle ne pouvait rien par la voie morale et pacifique, se retourna d'un autre côté et s'allia à la race perverse des Druses. Il fut aisé à nos fourbes alliés de persuader à la Porte de détruire les Marounites dont le crime était d'être catholiques, indépendants et fidèles à la France. Les Druses, les Metoualis, les Ansariehs, toutes les sectes musulmanes, alléchées par l'espoir de s'élever sur les ruines de cette nation et de s'enrichir de ses dépouilles, se sentant d'ailleurs soutenus par la Porte qui elle-même savait être appuyée par cette puissance dont le nom se trouve partout où il y a du mal à faire, les Druses, disons nous, et leurs alliés commencèrent la guerre aux Marounites et furent repoussés : ils eussent été détruits sans l'intervention des Turcs et du consul anglais qui conseilla de couper les communications entre les districts chrétiens et les districts mixtes spécialement attaqués, les Marounites furent livrés à une boucherie sans exemple. Ceci se passait en 1842.

En 1844 la guerre se renouvela après une

fausse paix ; les Marounites furent désarmés ,
leurs armes furent données aux Druses qui conser-
vèrent les leurs et menacèrent chaque jour les
Marounites ; puis il fallait humilier la France,
car c'était en haine d'elle que le mal était fait,
les officiers turcs l'avouaient hautement.

Un témoin oculaire raconte que toute la montagne , du sommet jusqu'à la mer, était en feu.
Un jour la plaine se couvrit de 7 à 8,000 enfants,
femmes, vieillards, cherchant un refuge à l'entrée
de Saïda ; le vice-consul français se tenait un dra-
peau à la main à la porte du Khan , immense
hôtellerie bâtie par Louis XIV; tous y trouvèrent
un asile, le généreux M. Conti sacrifia une partie
de sa fortune pour les nourrir. Il ne trouva qu'une
destitution en échange de son dévouement.

Que fesaient les français pendant ces massacres
dignes des cannibales ? quatre vaisseaux de guerre
étaient dans la rade, en vue de tous les points
de la montagne qui domine la mer; leurs pavillons
tricolores flottaient dans les airs , sanglante ironie
pour ces malheureux qui fuyaient leurs bourreaux
et tendaient leurs mains suppliantes vers la
France. Ils ne la maudissaient pas, et mouraient
victimes de leur amour pour leur Dieu et pour
elle !...

Pas un mot ne fut dit en leur faveur...

Et l'on dit que le Liban est tranquille, pacifié. En Europe chacun boit, mange, se promène, danse, joue et se réjouit en croyant que les Marounites font de même. Voici en vérité ce qui se passe, et l'on verra s'il est possible que les Marounites soient en paix.

Le Liban est partagé entre deux kaïmakam ou gouverneurs, l'un marounite et l'autre druse, contre l'usage et la volonté du pays. Ce dernier a sous sa domination les districts mixtes qui comprennent la Terre-Sainte, que lui-même et les chefs druses ont fait ravager, voilà donc le loup pasteur des brebis. Ils ont composé un divan ou conseil de douze membres. Les Marounites qui composent les trois quarts de la population du Liban, n'ont que deux représentants dans le conseil ; le reste, Musulmans, Druses, Metoualis, etc., sont *dix* contre *deux*, encore ces deux conseillers Marounites sont choisis par les Druses. Les propriétés de toute espèce, appartenant aux chrétiens, ont été confisquées par les Druses pour une valeur de dix millions dans la première guerre ; les propriétaires des biens confisqués, malgré quelques faibles réclamations des puissances étrangères, n'ont reçu aucune indemnité.

Les Druses obligent les Marounites de payer doubles les impôts fixés par le gouvernement :

dans un seul district mixte, ils ont exigé une année, 200,000 fr. en sus des impôts ordinaires. Un jour la population d'une ville se présenta au pacha de Beyrouth, femmes, enfants, vieillards, et dirent : prenez nos vies si vous voulez, car il ne nous reste plus rien, nous ne pouvons payer. Il leur fut répondu : allez demander à vos chiens de Français qu'ils paient pour vous, puisque vous vous dites Français. Une lettre datée de Beyrouth le 5 août 1847, annonce que l'appariteur de la vallée de Bkaâ, non content d'avoir doublé et triplé les contributions usuelles de ce pays, a voulu contraindre les habitants de lui livrer *la moitié de leurs revenus*. La même lettre parle des menaces faites au patriarche d'Antioche par la Porte s'il ne rappelle pas le R. P. Azard, tant elle craint que son odieuse conduite soit dévoilée; il lui a été enjoint de n'avoir aucune relation avec les Français, sous peine d'encourir la disgrâce du gouvernement de S. H. en sorte que si le vénérable patriarche se trouve en présence d'agents du gouvernement français, il n'osera peut-être pas leur ouvrir son cœur. Les fréquents assassinats commis par les Druses et autres restent toujours impunis. — Dans les villes et villages de ces districts, les Maronites ont sans cesse à souffrir les plus mauvais traitements de la part des infidèles. Voici un

exemple entre mille , extrait d'une lettre particu-
lière du 16 août 1847.

« Douze hommes qui avaient pu s'enfuir
s'étaient retirés dans une caverne : un d'eux était
votre cousin et deux de vos parents s'y trouvaient
aussi , ils avaient leurs armes et se disposaient à
vendre chèrement leur vie , lorsque les Druses
et les Turcs qui les avaient découverts, arrivèrent
à l'entrée de la caverne. Les Druses étaient de
leurs amis , et bien des fois ils avaient mangé le
pain et le sel avec eux , ils s'avancèrent donc en
les engageant au nom de leur amitié à sortir de la
caverne , leur jurant par Dieu et le prophète
qu'il ne leur serait fait aucun mal. Les chrétiens
durent croire à leurs paroles ; ils se fièrent à eux :
à peine furent-ils sortis que les infidèles se préci-
pitèrent sur eux , leur arrachèrent leurs armes et
les garrottèrent ; puis taillant par petits morceaux
les corps de ces malheureux encore vivants, ils
leur fesaient entrer de force dans la bouche les
lambeaux de leur propre chair , en leur disant
en riant de la manger ; ils mirent ainsi tous leurs
os à nu et firent périr tous ces malheureux de
cette façon barbare. »

Ceux qui portent le nom de Francis ou François sont obligés de le quitter, ce nom étant pour
eux un arrêt de mort. La majeure partie des

couvents et des églises n'ont pu être relevés, et les Anglais achètent toujours des terrains dans le Liban et la Syrie pour y planter leur pernicieuse influence.

Dernièrement la nouvelle nous est parvenue des massacres d'Alep, de Damas et Balbeck (Mont Liban) par les Druses ; il est à craindre que si les Turcs font encore une levée de soldats sur eux, ceux-ci, pour se venger, ne recommencent à massacrer et saccager les chrétiens comme ils ont fait à Alep pour le même motif.

Nous renonçons à décrire les horribles tortures qu'ont subies les Marounites : l'espace compris entre Damas, Beyrouth et Nazareth, est ravagé ; il ne reste plus ni une église, ni un couvent ; pas une cabane, pas une maison, pas un arbre fruitier, pas un cep de vigne de tout ce qui leur appartenait. Sept cent cinquante-cinq églises, quarante-huit couvents ont été détruits ou brûlés, cinquante-cinq villages incendiés, mille soixante Marounites égorgés froidement après avoir mis bas les armes sur la parole des officiers turcs. Nous ne parlons pas de ceux qui sont morts de faim, de misère, de mauvais traitements, en un mot ; les nouvelles les plus récentes annoncent que les Druses s'occupent à dépouiller les chrétiens des terres qu'ils n'ont pu encore leur enlever.

Redire les barbaries, les cruautés atroces commi-
ses contre les Marounites, est impossible, redire
la brutale luxure pire que la cruauté, est encore
plus impossible : pour s'en faire une idée, il faut
descendre aux sauvages de l'Océanie, ou encore
plus bas, aux plus mauvais jours de 1793, et la
terreur dans le Liban règne depuis 10 ans !...

Les Marounites espérant dans la France se
réunirent, et dans une solennelle assemblée,
trois cent trente-six sheicks et le clergé choisi-
rent le R. P. Jean Azard et lui donnèrent des
pouvoirs signés d'eux. Hélas! depuis cinq ans qu'il
est en France, il n'a rien obtenu du gouvernement. Alors il s'est adressé après cette vaine
attente, à la France elle-même, et déjà la France
a répondu qu'elle voulait continuer l'œuvre sainte
des rois très chrétiens, car elle sait que, dans les
dangers qu'elle a traversés, la charité a fléchi la
colère divine ; que, dans ceux qui la menacent, la
charité est sa sauvegarde, que la charité est une
des gloires françaises qu'aucune nation n'a égalée,
que la France qui a donné au monde la Propagation de la Foi, les Conférences de saint Vincent-
de-Paule et les Sœurs de Charité, ne peut périr.

Qu'elle ajoute donc un nouveau fleuron à cette
glorieuse couronne, la délivrance de la Terre-
Sainte et du peuple Marounite, œuvre bénie, de

salut pour les deux peuples, qu'elle continue l'œuvre de ses rois très chrétiens, au moins de ses aumônes et de ses prières ; que les infidèles tremblent, quand ils sauront qu'elle entend conserver son influence en Orient, et ils verront si la charité n'est pas plus forte que la mort !

Il ne s'agit pas seulement d'une nation qui meurt pour notre cause, il s'agit de savoir si la France sera chassée de la Méditerranée par sa cruelle alliée ; il s'agit encore de savoir si le catholicisme périra en Orient, s'il ne sera point étouffé sous la propagande immonde de l'anglicanisme, qui a déjà implanté quatorze écoles dans la Terre-Sainte et dans le Liban.

Autrefois saint Bernard poussai un cri qui ébranla l'Europe, DIEU LE VEUT ! Ce cri est-il éteint pour jamais ? DIEU LE VEUT ! ce cri de piété et de gloire n'aurait-il plus d'écho ? Non, ce cri des temps héroïques fait encore battre bien des cœurs français, tressaillir bien des âmes chrétiennes, tous comprennent cet appel catholique et français, et déjà de toutes parts on se lève et on se dit : que faut-il faire ?

Au nom de ce cri vénéré de la France de saint Louis, nous venons vous offrir une sainte croisade, à laquelle sont appelées toutes les âmes de bonne volonté, croisade dont saint Vincent-de-Paule avait conçu le plan et dont Leibnitz entretint plusieurs fois Louis XIV, œuvre humble et simple en apparence, mais dont avec l'aide de Dieu les résultats seront glorieux ; elle est fondée pour l'amour de Dieu et l'honneur de la France, afin de conserver la foi dans l'Orient, de venir au secours des chrétiens persécutés, de délivrer les Lieux sanctifiés par Notre-Seigneur, dans le but de relever les églises incendiées, les écoles détruites et les couvents ruinés.

Nous serions désolés que la Propagation de la Foi et les Pères de la Terre-Sainte, vissent une rivale dans l'œuvre que nous cherchons à fonder, qui a l'approbation du Souverain-Pontife par un bref du 29 janvier 1849 (3). Ils lui viendront plutôt en aide en soutenant des missionnaires indigènes existant depuis les temps apostoliques et qui n'ont jamais reçu aucun secours ; clergé qui ne peut être suppléé par des européens, pour conserver l'alliance, le protectorat et l'influence de la France dans l'Orient. La Propagation de la Foi qui fait tant de bien dans toutes les parties du monde, ne pourrait donner que des secours disproportionnés avec l'immensité des besoins et ne pourrait suppléer notre œuvre qui représente en Orient le protectorat de la France. Quant aux

(3) Voir les pièces justificatives.

Pères de la Terre-Sainte, ils doivent être heureux de notre œuvre, car s'ils ont le bonheur de venir tour à tour veiller et prier au tombeau de Notre-Seigneur, ils le doivent à la nation Marounite qui a versé son sang pour le leur conserver; l'œuvre fondée en leur faveur, est donc leur œuvre, car si elle périssait, ils auraient bientôt la douleur d'abandonner les Lieux Saints.

La ville de Nazareth tout entière Marounite présente un sanctuaire de souvenirs précieux et un emplacement plus sûr que la montagne, pour fonder le premier séminaire, la première école, d'où partiront des missionnaires dévoués et instruits, ayant la science, le langage et la connaissance des mœurs indispensables pour réussir près des infidèles; là s'élèvera un hospice, l'unique hélas dans ces malheureuses contrées, où les malades, les infirmes seront soignés. Les voyageurs français seront reçus comme des frères, selon l'hospitalité Marounite, dans une hôtellerie qui en dépendra; cet établissement sera le commencement du bien qui se réalisera plus tard, car la foi et la charité font des miracles.

Une organisation simple, une cotisation à la portée des plus pauvres bourses, des indulgences précieuses, rendront cette œuvre aussi populaire dans ses effets qu'elle l'est dans son but. Chacun sera heureux d'apporter son aumône à des frères persécutés, de contribuer à la conservation des Lieux Saints. C'est en resserrant par la charité, ce lien divin dont la religion unit tous les membres au corps, que la France humiliée et désolée elle-même, sauvera la Terre-Sainte avilie et découragée ; en la sauvant, elle se sauvera elle-même ; elle conservera dans l'Orient la foi catholique pour laquelle les courageux Marounites ont versé tant de sang, elle conservera intact le protectorat séculaire de la France sur la Terre-Sainte ; glorieux héritage que lui ont confié ses rois très chrétiens.

FONDATION

DE

L'ŒUVRE DE LA TERRE-SAINTE.

Le vendredi 28 mars 1851 a eu lieu à Laval, chez Mme Charles Du Bourg, la première réunion pour la fondation de l'œuvre de la Terre-Sainte. L'assemblée était présidée par M. le curé de la Trinité, président d'honneur. Le R. P. Azard, délégué des Marounites en France, a ouvert la séance : il a fait en quelques mots la peinture des malheurs qui accablent sa nation, et des persécutions dont elle est l'objet ; les églises ruinées, les séminaires pillés, les écoles catholiques détruites, tel est l'état actuel de l'Eglise Marounite.

Les protestants cherchent à profiter de ces tristes circonstances pour propager leurs doctrines et ont déjà fondé quatorze écoles. Contrebalancer cette influence, secourir et consoler les Maronites, tel est le but de l'association que le Révérend Père a proposée. Cette œuvre a été accueillie avec empressement, et on a donné lecture des statuts qui devront en faire la base. Ensuite il a été proposé d'adresser une lettre au patriarche d'Antioche pour lui faire connaître la part prise par les dames de la ville de Laval, aux malheurs qui accablent les chrétiens d'Orient.

Il a été procédé à la nomination du conseil qui a été ainsi composé :

Une présidente ;

Cinq vice-présidentes (1) ;

Deux trésorières (2) ;

Deux secrétaires ;

Deux prêtres administrateurs (3) ;

Un trésorier général au chef-lieu du département chargé des envois d'argent à Marseille.

Il a été donné lecture du réglement, qui a été adopté à l'unanimité.

(1) Le nombre en est facultatif.

(2) Le nombre des trésorières et secrétaires n'est pas limité, il doit être en raison de l'importance du lieu et pour la plus grande facilité des relations.

(3) Un par paroisse.

SOCIÉTÉ DE SECOURS

EN FAVEUR DES CATHOLIQUES DE LA TERRE-SAINTE,

APPROUVÉE PAR LE SOUVERAIN-PONTIFE.

STATUTS.

___

CHAPITRE 1er.

DISPOSITIONS GÉNÉRALES.

ART. 1er. Une œuvre est fondée dans le but de conserver dans la Terre-Sainte la foi catholique, les traditions saintes et les monuments chrétiens ; d'y relever les églises et les écoles catholiques pour contrebalancer l'influence des écoles protestantes, dans lesquelles on donne gratuitement l'enseignement, le vêtement et la nourriture.

Les séminaires rétablis, dont l'enseignement sera gratuit, porteront le nom de SÉMINAIRES DES

MISSIONNAIRES DE LA SAINTE FAMILLE, POUR
L'INSTRUCTION DES FIDÈLES ET LA CONVERSION
DES HÉRÉTIQUES ET DES INFIDÈLES.

ART. 2. L'œuvre est mise sous la protection
de Notre-Dame de Nazareth en Galilée. Les fêtes
de l'œuvre seront : la première le jour de l'Immaculée Conception, la seconde le jour de la Nativité, la troisième le jour de l'Annonciation. Les
jours de ces fêtes, une messe sera dite particulièment pour les âmes des associés décédés, et pour
les besoins des vivants.

ART. 3. Les avantages assurés aux associés
sont : une messe célébrée chaque samedi en
l'honneur de l'Immaculée Conception pour les
personnes qui auront contribué de leurs aumônes
au bien de l'œuvre ; journellement les Litanies
de la Sainte Vierge seront récitées, la visite au
Saint-Sacrement sera faite deux fois par jour
pour les besoins des associés, par les élèves
du séminaire de Nazareth et des autres fondés
par l'œuvre. Chaque dimanche, les élèves entendront une messe dans l'église de Nazareth pour
les besoins de l'Eglise et une autre pour ceux
des associés. Les prières aussi longtemps que
durera l'association.

Il pourrait résulter de cette œuvre un échange
de services et de sujets avantageux aux deux

nations, entre les séminaires français et ceux des Marounites.

ART. 4. Ceux qui ne pourront donner aucune aumône à l'œuvre, pourront néanmoins participer à ses biens spirituels en récitant une fois par semaine le chapelet pour le triomphe de l'Eglise.

CHAPITRE II.

ORGANISATION.

ART. 5. Chaque associé s'engage à verser la somme de 1 fr. 20 c. par an, où 10 c. par mois s'il le préfère ; les dons en dehors de cette rétribution seront reçus avec reconnaissance et inscrits à part.

ART. 6. Les associés seront divisés par séries de dix membres, ayant une collectrice, qui sera chargée de recevoir les rétributions et de les verser à la trésorière.

ART. 7. Il y aura dans chaque paroisse un administrateur autant que possible ecclésiastique ; les trésorières verseront entre ses mains les fonds qu'elles auront recueillis, il en donnera un reçu, il les enverra au chef-lieu du département à la trésorière du chef-lieu, qui en donnera aussi reçu.

2.

Art. 8. La trésorière de chef-lieu versera les fonds entre les mains du trésorier général, chargé de les expédier. Il adressera les envois d'argent directement à Marseille, à MM. Gabriel Hava et Cie, place Porte-Romaine, N° 5, qui les fera passer à Mgr le patriarche marounite d'Antioche, qui en donnera reçu.

Art. 9. Il sera remis à chaque collectrice un bulletin composé de dix cases où seront inscrits les noms et demeures des membres de sa dizaine ou série, elle aura seulement à recueillir les souscriptions et à les verser à la trésorière; elle aura soin que sa série soit toujours au complet, elle devra lui communiquer les annales et les avis qui seront donnés; une colonne est réservée pour les dons particuliers.

Art. 10. Les associés devront payer leur rétribution dans le mois de mars, pour que le trésorier général puisse faire les envois d'argent dans le mois d'avril.

Art. 11. Les secrétaires seront chargées de rédiger les procès-verbaux des réunions, d'inviter les membres du conseil à s'y rendre, d'expédier les annales et de faire les correspondances nécessaires pour le bien de l'œuvre.

Art. 12. Les personnes qui voudront bien donner en nature des ornements d'église, d'autel, linge et objets servant au culte et dont le besoin est pressant, voudront bien les adresser à la trésorière du chef-lieu du département.

ART. 13. Il y aura par an trois réunions ordinaires du conseil, la première dans le mois de mars, la deuxième à la Trinité d'été, la troisième à la Toussaint ; elles seront présidées par la présidente, à son défaut par une des vice-présidentes, on y rendra compte de ce qui intéresse l'œuvre, du bien réalisé et du bien à faire.

ART. 14. La présidente pourra au besoin convoquer des réunions extraordinaires du conseil et y appeler s'il est nécessaire les collectrices de dizaines.

ART. 15. Il paraîtra tous les ans, un numéro d'annales contenant le compte-rendu du bien opéré par l'œuvre ; des notions et descriptions intéressantes sur la Terre-Sainte. Le patriarche marounite d'Antioche enverra chaque année une lettre contenant les renseignements fournis par l'archevêque de la Terre-Sainte, pour instruire les associés du nombre des élèves des séminaires, de leurs progrès, et de ce qui peut intéresser les associés.

Les annales seront réparties entre les paroisses en proportion du nombre des associés.

ART. 16. Les frais de ports de lettres, paquets,

achat de registres , seront aux frais de l'œuvre.

S'adresser pour les envois d'argent à MM. Gabriel Hava et Cie, place Porte-Romaine, 5, à Marseille.

Pour ce qui regarde les annales, les insertions, à M. l'abbé Bargès, professeur d'hébreu à la Sorbonne.

BREVE

SANCTI PATRIS NOSTRI PII IX.

Dilectæ in Christo Filiæ nobili feminæ salutem et apostolicam benedictionem.

Magno quidem angebamur dolore ob tristissimas ac deplorandas calamitates quibus catholicos in monte Libano commorantes miserandum in modum vexari noscebamus.

Hinc exultavit cor nostrum in Domino, eique humillimas egimus gratias ubi primum audivimus pientissimo nobilium præsertim feminarum studio in illustri ista urbe societatem fuisse institutam quæ potentissimo sanctissimæ Dei Genitricis, immaculatæ Virginis Mariæ, patrocinio suffulta et christianæ caritatis spiritu animata omnem

opem et operam afflictis illis adjuvandis fidelibus
præbere contenderet. Itaque pergratæ nobis fuere
tuæ obsequientissimæ litteræ, dilecta in Christo
Filia, ejusdem societatis ad nos scriptæ, quam a
nonnullis venerabilibus fratribus Galliæ antistibus
omni laudum præconio celebrari accepimus, tibi-
que significamus propensam esse nostram volun-
tatem erga ipsam societatem, ac nos exoptare ut
tam pium tamque salutare opus, Deo bene juvan-
te, prospere feliciterque in dies propagetur, quo
miseri illi fideles amplioribus usque subleventur
subsidiis. Ac tibi persuasum sit nos libenti animo
ea esse præstituros, quæ ad ejusmodi societatis
bonum augendum magis in Domino conducere
posse noverimus, dum in eam spem erigimur
fore ut, divina adspirante gratia, omnes catho-
licæ religionis cultores, maximis eorumdem fide-
lium tribulationibus commoti, et christianæ
caritatis stimulis excitati, societatem ipsam sum-
mis studiis prosequi, fovere et amplecti velint. Inte-
rim vero clementissimum misericordiarum Patrem
humiliter obsecramus, ut societatem ipsam propi-
tius respiciens, illius piis consiliis et operibus benedi-
cat ac tibi omnibusque ejusdem societatis sodalibus
prospera cuncta et salutaria largiatur. Cujus
divini præsidii auspicem nostræque præcipuæ
caritatis pignus apostolicam benedictionem toto,

cordis affectu tibi ipsi, dilecta in Christo Filia , atque illis amanter impertimur.

Datum Romæ , apud Sanctam Mariam Majorem , die 29 januarii , anno 1848.

Pontificatus nostri anno secundo.

PIUS P. P. IX.

BREF

DE NOTRE SAINT PÈRE LE PAPE PIE IX.

A NOTRE CHÉRE FILLE EN JÉSUS-CHRIST MADAME DE
NARBONNE, PRÉSIDENTE DE LA SOCIÉTÉ DE SECOURS
EN FAVEUR DES CHRÉTIENS DU LIBAN, A PARIS,
PIE IX, SOUVERAIN PONTIFE.

Chère Fille en Jésus-Christ, noble femme, Salut et Bénédiction apostolique.

Nous avions connaissance des calamités à jamais déplorables qui accablent les infortunés Catholiques du mont Liban, et Nous en ressentions une profonde douleur. C'est pourquoi Notre cœur s'est réjoui dans le Seigneur, et Nous Lui avons rendu de très-humbles actions de grâces en apprenant que les pieuses et nobles femmes de votre illustre ville y avaient fondé, sous le puissant patronage de la très-sainte et immaculée Vierge Marie, Mère de Dieu, une Société qui, animée d'un esprit de charité chrétienne, met tout en œuvre pour secourir ces fidèles affligés. C'est donc avec un grand bonheur, chère Fille en Jésus—

Christ, que Nous avons reçu la Lettre que vous Nous avez adressée au nom de cette même Société qui, Nous l'avons appris, s'est rendue digne des éloges de plusieurs de Nos Vénérables Frères les Evêques de France; et NOUS VOUS DÉCLARONS QUE NOTRE VOLONTÉ EST ENTIÈREMENT FAVORABLE A CETTE SOCIÉTÉ, ET QUE NOUS DÉSIRONS QU'AVEC L'AIDE DE DIEU CETTE OEUVRE SI PIEUSE ET SI SALUTAIRE SE PROPAGE heureusement de jour en jour, afin que ces malheureux fidèles puissent recevoir des secours plus efficaces. Soyez donc bien persuadée que NOUS NOUS PRÊTERONS DE TOUT NOTRE COEUR A CE QUE NOUS SAURONS DANS LE SEIGNEUR POUVOIR ACCROITRE DAVANTAGE LE BIEN DE CETTE SOCIÉTÉ. Bien plus, Nous espérons que, par la grâce divine, TOUS LES FERVENTS CATHOLIQUES, touchés des extrêmes souffrances de ces mêmes fidèles et excités par l'aiguillon de la charité chrétienne, s'empresseront d'apporter A CETTE MÊME SOCIÉTÉ LEUR CONCOURS LE PLUS ACTIF. Maintenant nous prions le Père très-clément des miséricordes; Nous le prions humblement de jeter un regard favorable sur cette Société, de bénir ses pieuses intentions et ses œuvres, et d'accorder à TOUS SES ASSOCIÉS l'abondance des biens et du Salut. Comme présage de sa divine protection, et comme gage de **NOTRE AFFECTION PARTI-CULIÈRE, NOUS AIMONS** à Vous accorder, chère Fille en Jésus-Christ, à vous et à eux, et de tout Notre cœur, notre Bénédiction apostolique.

Donné à Rome, près Sainte-Marie-Majeure, le 29 Janvier de l'an 1848.

An second de notre Pontificat.

Signé: **PIE P. P. IX.**

LETTRE

DE

MGR L'ARCHEVÊQUE DE SAÏDA.

Aux femmes de la France, dont les vertus, la grâce et la piété sont des perles sans tache, Dieu accorde la vie éternelle !

Après avoir adressé au Dieu tout-puissant, créateur de toutes choses, nos ferventes prières, pour qu'il conserve votre vie et votre santé, et qu'il répande sur vous les trésors de ses grâces, nous vous dirons que nous avons déjà envoyé au peuple français une adresse de la nation maronite et de nous, dans laquelle nous rapportons les maux inouïs dont les Druses et autres infidèles nous ont accablés, ainsi que les autres catholiques de Syrie.

Toute l'Europe connaît d'une manière certaine cette épouvantable catastrophe, cette guerre impie dans laquelle le sang du juste a coulé comme l'eau ; les églises, les couvents, les colléges ont été ruinés ; les femmes, les jeunes filles, les vierges consacrées au Seigneur ont été l'objet d'odieuses violences ; les images saintes, les croix bénies ont été livrées aux flammes ; les ministres de Dieu sont devenus le jouet des barbares ; les demeures des chrétiens ont été renversées et toutes leurs propriétés saccagées jusqu'à deux et trois fois.

Personne n'ignore aujourd'hui la profonde misère à laquelle se trouvent réduits les chrétiens : nus, affamés, fugitifs, errants dans les déserts et les lieux sauvages, n'ayant pour toute nourriture que des herbes bouillies, pour couche la terre dure, pour toit le ciel ; car, de tout ce qui leur appartenait, il ne leur reste plus rien qu'un sol inculte et dévasté. Il y a bien longtemps, depuis la première et la seconde guerre, que nous gémissons sous le poids insupportable de ces amères tribulations ; il y a sept années que cela dure, il y a sept années que nous nous résignons ; beaucoup d'entre nous sont déjà morts, écrasés sous le poids de leurs maux ; et pourtant, pour les accroître encore, après la première guerre, au moment où nous commencions à relever nos demeures, les ennemis ont exigé de nous un tribut de trois années et beaucoup d'entre nous ont été forcés de vendre le peu qui leur restait pour satisfaire l'Empire Ottoman.

Nous ne vous raconterons pas toutes les persécutions cruelles dont cette circonstance a été le prétexte.

A peine avions-nous relevé, comme nous l'avions pu, nos églises et nos maisons et reparé, autant qu'il nous était possible, nos désastres, que les ennemis se sont levés tout à coup et plus encore que dans la première guerre, ils ont de nouveau détruit et ravagé tout ce qui nous avait coûté tant de peine à renouveler. Tous les maux dont ils nous accablèrent furent accompagnés d'horribles barbaries ; comment vous raconter ces choses ; les petits enfants déchirés en deux parts ; d'autres hachés à coups de sabre avec le sein qu'ils suçaient encore, avec les mains maternelles qui cherchaient à les garantir, d'autres tombant sur le corps de leurs mères, percés du coup qui leur donnait la mort; les ennemis n'ont pas même respecté les pauvres créatures qui n'avaient point encore vu le jour, ils les arrachaient par une large blessure du sein qui les recelait encore ! Une foule de femmes et d'enfants périrent de ces

différentes manières. Beaucoup de vierges furent
déshonorées ; beaucoup reçurent la mort en défendant leur pureté ; d'autres furent tuées par
les barbares qui la leur avaient ravie !... Beaucoup se tuèrent elles-mêmes en se précipitant des
terrasses pour sauver leur virginité ! Il serait trop
long de vous raconter tons ces lugubres détails....
Mais, chose terrible, et à laquelle la nature ne
peut se soumettre, ce sont les barbares auteurs
de ces crimes, que l'Empire Ottoman nous a
imposés pour gouverneurs et pour gardiens ; les
loups rapaces, pasteurs des timides agneaux !
aussi, nous ont-ils frappés d'un tribut de cinq
années, doublant, triplant arbitrairement la taxe
et exigeant, contrairement à l'usage, le solde
immédiat de cinq années d'avance. Comment
-pourrions-nous résister, nous que la famine
affaiblit et décime chaque jour ? beaucoup d'entre
nous d'ailleurs vivent hors de leur pays, errants
dans les déserts et dans les lieux sauvages, et ne
peuvent relever les ruines de leurs demeures, et
pourtant, ils n'ont aucun autre abri.

Semblables à l'éclair, nos plaintes ont parcouru
la terre et l'univers entier a vu nos larmes ; nous
nous sommes adressés à toutes les puissances
chrétiennes et surtout à la France pour laquelle
nous prions chaque jour ; et, de tant de pleurs,

de tant de suppliques adressées tant par nous que par nos délégués nous n'avons rien retiré, rien qu'un surcroît de douleurs et d'afflictions de la part de nos ennemis! cela vient-il de la volonté de Dieu ou de la dureté du cœur de nos frères chrétiens de l'Europe? nous ne le savons pas. Et pourtant, l'on connaît notre faiblesse, notre pauvreté, notre misère; l'on a entendu les sanglots de nos enfants, de nos veuves et de nos orphelins; l'on a vu verser le sang des justes dont la voix est montée jusqu'au cœur de Dieu... Oh! si les arbres avaient une langue, ils parleraient pour appeler sur nous la miséricorde, pour qu'on nous délivrât de ces maux; les pierres elles-mêmes rendraient témoignage en notre faveur et diraient que nous sommes dignes de salut et de pitié.

Vous, qui savez tout ce qui s'est passé, vous, vers lesquels nous n'avons cessé de crier, nous avez-vous donné quelque preuve du désir que vous aviez de nous sauver? Que la sainte volonté de Dieu soit faite!

Nous en appellerons maintenant à la miséricorde du Dieu tout-puissant, gloire à son nom! nous en appellerons à la miséricorde de la Sainte Vierge Marie, mère de Dieu, reine des Saints, fontaine des miséricordes, médiatrice de nos prières auprès de Dieu et dispensatrice de ses grâces ; nous en appellerons à cette mère sublime du genre humain, à cette mère de toutes les mères et de toutes les femmes ; nous en appellerons aussi à toutes ces femmes zélées pour le bien qui font l'honneur de la France ; nous leur ferons entendre nos plaintes, nos gémissements et nos sanglots et nous leur demanderons pitié ! pitié pour nous ! ô femmes chrétiennes de la France et de l'Europe, sauvez-nous de nos ennemis, faites-nous rendre notre ancien prince et sa famille et vous nous aurez rendu notre liberté. Nous savons que vous pouvez le faire, car c'est par la main des faibles que le Seigneur se plaît à manifester sa puissance. N'est-ce pas par Moïse, Aaron et Marie qu'il a voulu sauver le peuple hébreux ; par Judith qu'il a délivré Béthulie ; par Esther qu'il a mis un terme à la captivité d'Israël ; enfin, par la Sainte Vierge Marie, gloire à son nom ! qu'il a voulu sauver le monde ?

O nobles femmes de la France, vous dont le courage, la charité, le zèle ardent et la sensibilité ont souvent fait la gloire de votre patrie, le doux parfum de vos vertus est arrivé jusqu'à nous ; et nous avons appris tout le bien que vous aviez fait au saint pontife Pie VII, quand il se trouvait parmi vous ; nous l'avons su, car, de concert avec les princes de l'Eglise, il a rendu hommage à vos mérites ; nous avons su que c'est vous qui, par vos dons, par votre protection, avez assuré le salut de la Grèce en assurant la ruine de ses ennemis. Sa liberté lui vient de Dieu et de vous. Elle est libre maintenant, ne jetterez-vous pas un regard sur nous que le baptême, la foi et la table sainte font vos frères ? N'avons-nous pas un même chef à Rome et ne sommes-nous pas une même église catholique ? Nous Marounites, ne vous sommes-nous pas liés d'une manière toute spéciale, nous dont le sang mêlé au vôtre n'est autre chose que votre sang ? nos enfants sont vos enfants ; car à l'époque des croisades nous marchions ensemble à la conquête de la Terre-Sainte. De nombreuses alliances nous ont fait les parents de vos pères ; beaucoup d'entre nous sont français d'origine, parce qu'un grand nombre de croisés se sont fixés dans nos montagnes ; et pourtant aujourd'hui ils sont Marounites. Puis, ô Français, ne sommes-nous pas liés à vous par le cœur ? et c'est encore cette raison qui nous fait dire que notre sang et notre honneur sont vôtres. Nous sommes vos enfants, car il y a bien longtemps que nous vivons à l'ombre de vos ailes. Une multitude de Marounites ont versé leur sang pour l'amour et pour la cause de la France ; et cependant, depuis sept années surtout, nous a-t-elle donné quelque marque de sa protection ? mais c'est contre votre nom, contre le catholicisme et contre vous que l'on fait tout le mal dont nous nous plaignons. Chaque jour nos ennemis nous injurient et se moquent de nous à cause de vous : où sont, disent-ils, vos amis les Français ? où sont vos rois chrétiens ? où sont leurs bâtiments et leurs soldats ? se présentent-ils pour vous secourir ? chiens d'infidèles que vous êtes ! — et pourtant, à chaque minute nos yeux s'abaissent du ciel sur la mer pour y chercher ces vaisseaux de la France qui viennent nous sauver. Mais tout ce temps a passé sans que personne nous accordât ni pitié, ni secours, et nous touchons à notre perte ; et beaucoup d'entre nous sont morts pour avoir conservé cette fatale espérance ; et les chrétiens et la France ont donné aux infidèles le droit de les mépriser.

Les malheurs dont nous parlons ont frappé surtout les diocèses de Beyrouth et de Saïda qui embrassent la Terre-Sainte, Sour, Acca, Nazareth, Haïffa, Yaffa, Jérusalem, Bethléem, Naplouse, jusqu'à l'Egypte, jusqu'à la Mekke, jusqu'à Damas. Depuis quarante ans que je suis l'humble serviteur de ce diocèse, je n'avais jamais vu, jamais ouï dire qu'une semblable désolation eût affligé les chrétiens de Syrie ; et pourtant, c'est notre amour pour la France, ce sont les prières que nous lui avons adressées qui ont attiré sur nous tant de maux.

Je n'ai point été épargné ; tout ce qui m'appartenait a été deux fois saccagé ; l'on ne m'a pas même laissé mon anneau, ma mitre et mon bâton pastoral ; car j'ai été forcé de fuir pour sauver ma vie, avec les seuls habits qui couvraient mon corps : maintenant, il ne me reste absolument rien et sans la charité de notre saint patriarche qui m'a recueilli, je serais mort, comme tant d'autres, de faim et de misère. Que le nom de Dieu soit béni !

Mais aujourd'hui, mon diocèse, tout le peuple marounite et moi, nous avons une véritable espérance, car c'est à Dieu, c'est à sa sainte mère, c'est aux femmes chrétiennes de la France et de l'Europe que nous adressons nos prières. Femmes françaises, agneaux de Jésus Christ, vous dont le zèle est comme une perle précieuse devant le Seigneur, soyez bénies ! Vous dont les cœurs s'ouvrent à la pitié, vous qui avez des entrailles de miséricorde, ayez pitié de nous ! Prêtez l'oreille à nos cris et rachetez le sang de ce qui reste d'Israël, de ce qui reste des Marounites. Sauvez leur vie, venez en aide à leur faiblesse, faites leur rendre leur honneur qui engage le vôtre ; nous vous en conjurons par le sang de Jésus-Christ , car c'est par lui que vous êtes nos sœurs, arrêtez le bras de nos ennemis , mettez un frein à leurs bouches qui nous hurlent l'injure , parce que nous sommes vos frères. O femmes de la France et de l'Europe chrétienne , pieux soutiens de l'église catholique et du saint vicaire de Jésus-Christ, c'est à vous que nous avons recours, car nous savons que les chrétiens de France ont toujours été le plus ferme appui du Saint-Siège. O France , France , noble tribu de Juda , fille aînée de David , avez-vous donc oublié vos labeurs et vos fatigues, votre sang versé aux plages de Syrie , vos morts qui reposent dans cette terre de Syrie , et votre glorieuse protection pour cette terre sacrée ; qu'est devenu votre honneur ? Avez-vous oublié que mon pauvre diocèse est celui qui donna naissance aux patriarches , aux prophètes , aux saints , aux bienheureux apôtres, à la vierge Marie et au sauveur du monde ? Souvenez-vous que votre salut, la vie de votre âme et de votre corps, votre délivrance de la servitude de Satan sont sortis de ce diocèse ; souvenez-vous que c'est là que les portes du ciel se sont ouvertes pour vous et que l'homme a été élevé en gloire au-dessus des anges par l'alliance de sa nature

avec celle de Dieu lui-même ! Voulez-vous laisser
périr tous les chrétiens de ce diocèse , tous ceux
qui habitent cette montagne sainte dans laquelle,
malgré son désir , Moïse ne put entrer. Quelle
honte pour vous , ô chrétiens d'Europe, de laisser
les barbares paître les troupeaux de Jésus-Christ ,
ses enfants qu'il a rachetés au prix de son sang !
En vérité ! nous ne pouvons le comprendre.
Qu'avez-vous fait de cette foi , de cette charité ,
filles ardentes du christianisme. Qu'avez-vous fait
de ces paroles de Jésus-Christ , gloire à lui !
« Aimez-vous les uns les autres comme je vous
ai aimés. » De ces paroles de l'apôtre : « La foi
sans la charite ne sert de rien. » De ces paroles
de saint Paul : « Quand j'aurais accompli toutes
les prescriptions de la loi , fait des miracles , livré
mon corps aux flammes , si je n'ai la charité ,
cela ne me sert de rien ? » Où donc est le zèle
des chrétiens ? Ne sont-ils plus *un seul corps* ?
Les Marounites ne sont-ils plus un doigt de ce
corps ? comment se fait-il qu'ils n'aient pas ressenti leurs douleurs ?..... qu'ils viennent à Saïda
et dans les autres lieux ! ils verront nos ruines ,
ils verront nos enfants dévorés dans les déserts
par les bêtes sauvages , nos femmes perdant les
germes de leur fécondité , et cela depuis sept
années..... Devons-nous dire qu'il n'y a plus de

compassion, plus de charité sur la terre ? et quand tous abandonneraient les Marounites, les Français devraient-ils les abandonner ? les Marounites sont leurs enfants ; toujours ils ont combattu dans leurs rangs, et sans ces deux nations, il ne resterait plus rien des vestiges sacrés de la Terre Sainte.

O femmes de la France, ô filles de la Vierge des douleurs, consolez-nous et venez nous sauver; et pourtant, pardonnez aux paroles d'un vieillard; comment pourrait-il se taire, lui dont la blessure est la plus cruelle, lui qui plus que tous les autres a des larmes à verser sur lui-même et sur son troupeau. Deux cents membres de ma famille ont été massacrés par les infidéles ; je ne parle pas de ceux qui sont morts de misère ; toutes les églises, tous les couvents, tous les séminaires de mon diocèse, et ma propre maison archiépiscopale ont été détruits deux fois, un grand nombre de mes prêtres et de mes religieux ont été égorgés, et moi-même je suis resté nu comme au sortir du sein de ma mère. Nous vous prions donc, femmes françaises, nous tous, peuple Marounite, hommes et femmes, enfants et vieillards, religieux et religieuses, prêtres et laïques, d'appeler sur nous la miséricorde, de nous faire rendre notre prince et sa famille, et de nous aider par tous les moyens qui sont en votre pouvoir.

Nous prierons le Dieu tout-puissant d'accroître vos vertus, votre gloire et votre vie dans tous les siècles des siècles. Amen, amen.

20 décembre 1846.

† ABDALLAH BOUSTANI,

Archevêque de Saïda, et tous les fidèles marounites de son diocèse accablés de douleurs.

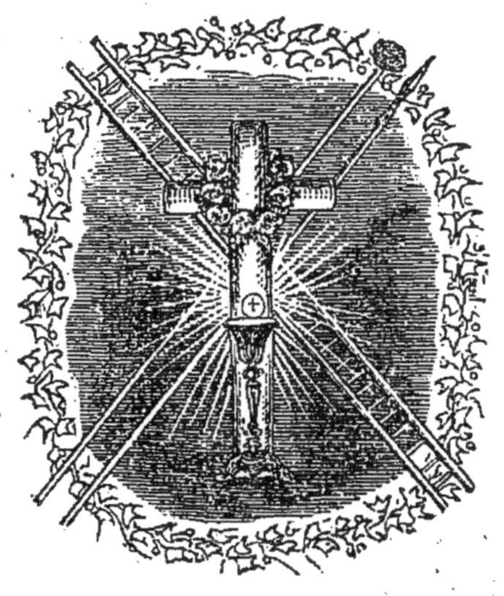

LETTRE

PEUPLE DES DISTRICTS MIXTES

AUX TRÈS-EXCELLENTES, TRÈS-HEUREUSES ET TRÈS-HONORÉES DAMES DU ROYAUME DE FRANCE, — QUE DIEU LEUR DONNE LA VIE ÉTERNELLE. AMEN.

Après avoir présenté nos humbles respects à vos personnes honorées et avoir prié le ciel de verser sur vous l'abondance de ses biens, nous tous, vos serviteurs, Marounites des districts mixtes, vous parlerons à cœur ouvert.

Vous connaissez nos misères et les maux qui nous accablent, vous savez l'état déplorable dans lequel nous gémissons, et cependant vous n'en connaissez qu'une faible partie ; car nous sommes

sans cesse sous le poids d'afflictions qui conti-
nuent et se renouvellent sans relâche. Nous
avons éprouvé tant de maux, nous sommes
dans de telles appréhensions, dans une telle pauvreté, exposés à tant d'injustices, que ce que
nous vous dirons ne vous en donnera qu'une
faible idée. En effet, vous voyez les choses de
loin, et vous êtes dans la position de Jérémie
lorsqu'il pleurait sur la ville sainte entourée de
ses ennemis, il pleurait, mais qu'était-ce en
comparaison des douleurs de ceux qui étaient ren-
fermés dans son enceinte?

Votre esprit plein de sagesse et de lumières
peut comprendre et se figurer toutes les afflictions
qui nous accablent, nous qui avons sans cesse le
sabre levé sur la tête et la crainte au fond du
cœur, sans qu'il y ait là personne qui nous
protège, personne qui ait pitié de nous. Considé-
rez que c'est l'ennemi même qui a fait tous les
massacres, qui a versé le sang des justes, des
vieillards, des veuves, des orphelins, qui a ruiné
les églises, les colléges, les couvents, qui a cru-
cifié le Christ, égorgé ses apôtres, qui s'est
emparé de la liberté de Dieu, c'est celui-là même
qui se trouve sur le trône; c'est celui-là même
qui a l'autorité, c'est celui-là même qui est notre
prince et notre pasteur; c'est Goliath, celui qui

se moquait du peuple de Dieu, qu'on a imposé pour maître à ce peuple : c'est Holopherne, qui montrait son orgueil avec ses soldats, qu'on a mis au-dessus du peuple de Dieu ; c'est Aman, celui qui veut dans son orgueil le sang du peuple de Dieu, qu'on a fait prince de ce peuple. Figurez-vous en quel état est ce peuple gouverné par son ennemi ; celui qui a fait toute l'injustice, toutes les injures, et tout le mal, c'est celui-là qui est notre seigneur et maître !

Mais, en vérité, en parlant ainsi devant vos personnes honorées, nous craignons de jeter le trouble dans vos esprits, et cependant, il nous serait impossible de raconter tout ce qui nous est arrivé, à cause de l'immense quantité de choses qu'il y aurait à dire. D'ailleurs, si nous vous le racontions, vos cœurs seraient dans l'affliction et vos yeux dans les larmes, et nous ne le voulons pas, car vous voir dans la santé et dans la joie est déjà une consolation pour nous.

Nous savons que, sans vous, ô femmes de France très-zélées, il ne resterait plus rien des Marounites ; que votre ardeur brille aux yeux de tous, comme les rayons du soleil qui échauffent la terre, que vous vous êtes levées pour sauver les chrétiens, et que vous les sauverez. Nous pouvons maintenant dire avec le prophète David :

« revenez, revenez, ô nos âmes ! à votre repos. »
Comme la colombe qui portait la branche d'oli-
vier apprit à Noë que le déluge était fini, que le
monde était sauvé et que la colère de Dieu avait
fait place à la miséricorde, de même vos bouches
parfumées, en versant les perles de vos paroles,
ont consolé le cœur de l'archevêque de Sidon,
de Tyr et de Terre-Sainte, et lui ont montré
qu'il avait eu raison de s'adresser à vous.

Nous vous supplions donc, par chacune de nos
bouches, de prêter l'oreille aux paroles qu'il vous
a écrites, et vous écrira, sur ce qui nous concerne, et de les considérer comme nôtres. Tout
ce qu'il vous fera savoir par son vicaire, notre
délégué, le très-vénérable et très-honoré P. Jean
Azar, qui se trouve à l'ombre de vos ailes, dans
la ville de Paris que Dieu protège ! tout ce que
ce père lui-même vous dira de notre part et de
celle de son archevêque, croyez-le, parce que
tout sera vrai, tout sera juste ; car nous savons
que le Père est plein d'un grand zèle et d'une
grande piété, et c'est nous tous qui l'avons choisi.
Par son entremise, vous pouvez apprendre tout
ce qui nous concerne, et nous faire savoir tout
ce que vous voudrez ; c'est par lui que nous avons
reçu de vos nouvelles, et que nous avons connu
votre zèle, vos efforts, votre volonté de soutenir

l'honneur de la France, et toutes les louanges que vous méritez : c'est lui qui nous a rendu le courage ; et votre lettre nous a été une douce preuve de tout ce qu'il nous annonçait : que vous voulez sauver les chrétiens et le christianisme en Orient, nous faire rendre notre liberté et notre honneur.

Nous savons que dans la passion ce sont les femmes seules, qui, montrant plus de courage que les apôtres, ont suivi les pas douloureux du Christ ; ce sont elles qui sont entrées dans le sépulcre, elles qui ont annoncé la résurrection, elles qui ont relevé le courage des disciples fidèles. Or, en vérité, avant de recevoir votre lettre, nous n'avions plus de courage ; maintenant, nous avons espoir et confiance ; parce que nous savons qu'en France vous pouvez tout ; vous êtes fermes dans le bien, miséricordieuses comme David, et zélées comme le fils d'Aaron, et nous savons que vous voulez sauver vos frères comme Esther et Judith dont la Bible sainte chante les louanges.

Nous le voyons bien, c'est le sang de nos martyrs versé pour vous dans les guerres de Terre-Sainte et mêlé, au temps des croisades, au sang de vos aïeux, qui échauffe vos nobles cœurs ; c'est à ce sang que vous devez toutes vos vertus. Vous nous avez promis de nous rendre à notre ancienne gloire et nous avons grand espoir en cette promesse sincère. Nous savons que votre esprit ne cesse de travailler pour nous, et que vous pouvez tout en France. Vous seules pouvez replanter *l'arbre* qui nous couvrait naguères de son ombre et de ses *rameaux*. Sans cet *arbre* il nous est impossible de vivre. Et si vous nous faites cette grâce, vraiment le temple de Salomon renaîtra de ses cendres, les cèdres se dresseront de nouveau sur le Liban, et la montagne sainte tressaillera de joie. Tant que nous n'aurons pas cet *arbre*, nous ne cesserons de frapper à votre porte, car nous n'aurons ni liberté, ni paix, rien au monde ; nos églises, nos couvents, nos demeures resteront dévastés, et, dans nos douleurs et nos afflictions, nous n'aurons pas un seul instant de relâche ; et pourtant, sans vous, il nous est impossible de rien obtenir.

Nous terminons donc en vous criant miséricorde et pitié pour nous ! et en priant Dieu et la Vierge et saint Maroun d'augmenter vos biens, votre santé, vos honneurs et vos vertus, de conserver vos enfants et vos époux, et de faire tout selon vos désirs en ce monde et en l'autre.

Signé, les représentants des districts mixtes de Saïda, Sour, Terre-Sainte, Deïr-el-Kamar, Schouf, Gizzin, Hasdouïa, Rachaïa, Marjaïoun,

Zahlé, Bkâa, Teffah, Menasef, Harkoub et Kharroub.

15 mai 1847.

LETTRES DE PROTECTION

ACCORDÉES AUX MARONITES PAR LOUIS XIV.

Louis, par la Grâce de Dieu roy de France et de Navarre : à tous ceux qui ces presentes lettres verront : salut.

Savoir faisons : que par l'advis de la reyne régente notre très-honorée dame et mère, qu'ayant pris et mis, comme nous prenons et mettons par ces presentes signées de notre main, *en notre protection et sauve-garde spéciale*, le révérendissime patriarche, et tous les prélats, ecclésiastiques et séculiers, chrétiens maronites, qui habitent particulièrement dans le Mont Liban :

nous voulons qu'ils en ressentent l'effet en toutes occurences, et pour cette fin, nous mandons à notre amé et féal le sieur de La Hayenentelay, conseiller en nos conseils et notre ambassadeur en Levant, *et à tous ceux qui lui succéderont en cet emploi*, de les favoriser, conjointement ou séparément, de leurs soins, offices, instances et protection, tant à la Porte de notre très-cher et parfait ami le Grand-Seigneur, que partout ailleurs que besoin sera, *en sorte qu'il ne leur soit fait aucun mauvais traitement*, mais au contraire qu'ils puissent librement continuer leurs exercices et fonctions spirituelles, enjoignons aux consuls et vice-consuls de la nation françoise établis dans les ports et échelles du Levant, ou autres arborant la banière de France, *présents et à venir*, de favoriser de tout leur pouvoir le dit sieur patriarche et tous les dits chrétiens marounites du dit Mont Liban, et de faire embarquer sur les vaisseaux françois ou autres, les jeunes hommes et tous autres chrétiens marounites qui y voudront passer en chrétienté, soit pour y étudier ou pour quelqu'autre affaire, sans prendre ni exiger d'eux que les nolis qu'ils leur pourront donner, les traitant avec toute la douceur et charité possible, prions et requèrons les illustres et magnifiques seigneurs, les bachats et officiers de sa hautesse, de favoriser et assister le sieur archevêque de Tripoly, et tous les prélats et chrétiens marounites, offrant de notre part de faire le semblable pour tous ceux qui nous seront recommandés de la leur.

Donné à Saint-Germain-en-Laye, le 28e jour d'avril 1649, et de notre règne le 6e.

Signé **LOUIS.**

Par le roy, la reyne régente sa mère présente,

De Loménie.

Locus sigilli.

LETTRES DE PROTECTION

Accordées aux Mârounites par Louis XV.

Louis, par la grâce de Dieu, empereur et roy très-chrétien de France et de Navarre, à tous ceux qui ces presentes lettres verront : salut.

Le patriarche d'Antioche et les chrétiens marounites établis au Mont Liban, nous ont fait représenter que, *de temps immémorial, leur* nation est dessous la protection des empereurs et rois de France, nos glorieux prédécesseurs, dont ils ont ressenti les effets en toutes occasions. Et ils nous ont très-humblement fait supplier de vouloir bien leur accorder nos lettres de protection et sauvegarde, à l'exemple du feu roy notre très-honoré seigneur et bisayeul, qui leur en fit expédier de pareilles le 28 avril 1649, et voulant de notre part traiter favorablement les exposants: pour ces causes et autres bonnes considérations, à ce Nous mouvans : nous les avons pris et mis, comme par ces présentes signées de notre main, *nous les prenons et mettons en notre protection et sauvegarde; nous voulons qu'ils en ressentent les effets en toutes occurences ;* et pour cette fin, nous mandons à nos amez et feaux conseillers en nos conseils et ambassadeurs à Constantinople, consuls et vice-consuls de la nation française établis dans les ports et échelles du Levant, *présents et à venir,* de favoriser de leurs soins, offices et protection, ledit sieur patriarche d'Antioche, et tous les dits chrétiens maronites du Mont Liban, partout où besoin sera, en sorte qu'il ne leur soit fait *aucun mauvais traitement,* et qu'ils puissent au contraire continuer librement leurs exercices et fonctions spirituelles ; car tel est notre plaisir. Prions et requérons le grand empereur des Musulmans, notre très-cher et parfait ami, et les illustres bachats et officiers de Sa Hautesse, de favoriser et assister de leur protection ledit sieur patriarche d'Antioche, et tous lesdits chrétiens marounites, offrant de faire le semblable pour tous ceux qui nous seront recommandez de leur part ; en foi de quoi nous avons fait mettre notre scel à ces dites presentes ; données en notre château impérial de Versailles, le 12e jour d'avril, l'an de grâce de 1737, et de notre règne le 22e.

Signé LOUIS.

Et sur le repli est écrit :

Par l'empereur et roy :

Signé AMELOT.

PIÈCES JUSTIFICATIVES

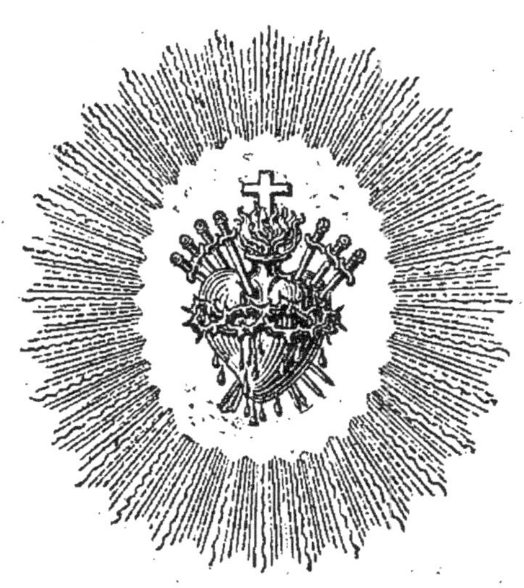

1re PIÈCE UNIQUE, communiquée au ministère.— Suivent les signatures de 336 chefs du Liban.

2me PIÈCE. — Patriarche d'Antioche, le 9 février 1844.

3me PIÈCE. — Archevêque de Saïda, le 9 février 1844.

4me PIÈCE UNIQUE, communiquée au ministère.— Patriarche d'Antioche, 25 juin 1846.

5me PIÈCE UNIQUE. — Patriarche d'Antioche, 24 janvier 1846.

7me PIÈCE UNIQUE. — Patriarche d'Antioche, 5 novembre 1846.

1re PIÈCE JUSTIFICATIVE du supérieur-général des Franciscains à Rome, 3 novembre 1844.

Certificat du directeur du couvent des Franciscains, à Naples, 22 juillet 1845.

Certificat du vicaire-général de l'archevêque de Naples, 23 juin 1845.

Certificat du supérieur des Capucins de Naples, 20 avril 1846.

Certificat du Provincial des Capucins, à Naples, 20 avril 1846.

Celebret accordé par le cardinal-archevêque de Lyon, 7 juin 1846.

Toutes ces pièces ont été imprimées en 1847.

Le révérend Père Azar a encore en sa possession, outre le bref de N. S. P. le Pape ci-dessus relaté, dont l'original est entre les mains de Mme la duchesse de Narbonne, les pièces justificatives qui suivent.

1re PIÈCE. — Une concession de permission pour la bénédiction, les indulgences des chapelets, croix, médailles etc...

Indulgence plénière à l'article de la mort adressée : dilecto filio Joanni Azar, presbytero Galliorum, vicario generali diœcesis Sydon (Montisque Libani) Legato.

2me PIÈCE. — Certificat daté de Paris, 17 avril 1848, de M. Annibal Dantan, secrétaire

interprète du ministère des affaires étrangères, qui a examiné les papiers prouvant la
mission du révérend Père comme délégué de
la nation Marounite.

3me PIÈCE. — Un certificat de Mgr l'archevêque
de Chalcédoine, daté de Paris, le 20 juin
1850, et conçu dans les termes les plus hono-
rables pour le révérend Père.

4me PIÈCE. — Certificat du 9 septembre 1850,
de M. Bargès, professeur d'hébreu à la Sorbonne, légalisé par Mgr l'archevêque de Paris.

5me PIÈCE. — Certificat de M. Henri Guy, ancien
consul en Syrie, daté du 16 septembre 1850.

6me PIÈCE. — Certificat de Mgr l'archevêque de
Paris, daté du 20 janvier 1851.

7me PIÈCE. — Une lettre adressée à M. de Lamartine par 123 chefs du Liban, traduite par
M. l'abbé Bargès.

8me PIÈCE. — Certificat du révérend Père abbé
de la Trappe près Laval, 18 mars 1851.

Le révérend Père tient ces pièces à la disposi-
tion de ceux qui désireront en prendre connaissance.

———————⊗———————

Bien que l'exposé de ces pièces authentiques
soit suffisant pour établir la vérité de la mission,

du **R. P. Azar**, et la nécessité de notre œuvre, comme il se pourrait que la malveillance se plût à confondre le vénérable délégué des Marounites avec les quêteurs orientaux, déjà venus ou à venir, nous empruntons au journal *la Voix de la Vérité* du 2 février 1851 l'article suivant :

QUESTION MAROUNITE.

LE P. JEAN AZAR, DÉLÉGUÉ DES CRÉTIENS DU LIBAN.

A la suite des violences que nous avons racontées, les chefs chrétiens s'assemblèrent et résolurent d'envoyer un délégué invoquer l'appui et l'intervention des nations catholiques et spécialement de la France. Leur choix tomba sur un descendant d'une des plus nobles familles du pays, Jean Azar, de Gizzin, supérieur du séminaire de Machimouchi, premier grand-vicaire de Sidon, diocèse de la Terre-Sainte. Ce vénérable prêtre fut investi des pleins pouvoirs de toutes les autorités religieuses et civiles de la nation marounite et des chrétiens catholiques du Mont-Liban, de la Terre-Sainte et de la Syrie. Patriarches, archevêques, évêques, les supérieurs des communautés et tout le clergé, d'une part, 335 chefs politiques ou représentants élus par les Marounites, lui confièrent la mission de les représenter auprès des nations chrétiennes et apposèrent leurs sceaux authentiques sur l'acte de cette délégation.

Le Père Azar quitta Beyrouth en 1844. Il visita successivement Rome, où le Pape Grégoire XVI l'accueillit avec distinction, et Naples, où il fut présenté à plusieurs souverains : mais, comme on lui répétait partout que la France seule, protectrice de sa nation, pouvait lui rendre la tranquillité et l'indépendance, il résolut de ne plus tarder à venir en France. Il se mit en route, malade et accablé de chagrin ; car un coup affreux avait brisé son cœur et son âme. Dans un de ces massacres qui ensanglantaient le Liban, son père, ses frères, trente-cinq personnes de ses plus proches parents avaient été égorgés ; toute communication avec son pays lui était enlevée, car correspondre avec lui devenait un titre de proscription.

Ainsi affligé, sans ressources, ambassadeur indigent d'un peuple ruiné, que de temps, que d'obstacles il eut à surmonter pour vaincre l'indifférence et rallier quelques sympathies !

Depuis cinq ans, il est en France, isolé, prêchant dans un désert à des sourds pour qui les plus grands devoirs de la France en Orient sont des futilités indignes de leur génie politique.

Seulement quelques hommes de cœur et d'intelligence ont compris tout ce qu'il y a de grand, de noble et de sacré dans la cause que représente le Père J. Azar : ils ont fondé, en faveur des chrétiens du Liban une société qui eut les plus hautes approbations, mais que les commotions de ces derniers temps ont momentanément suspendue. Il s'agit actuellement d'en rassembler les éléments et de continuer la bonne œuvre commencée. Espérant que ces quelques lignes réveilleront des sympathies, nous voulons leur offrir le moyen de se réunir.

Il est peut-être nécessaire de donner ici quelques détails sur les quelques personnages qui sont venus d'Orient en Europe implorer des secours, et qu'il ne faudrait pas confondre avec le délégué des Marounites. Jamais, jusqu'à ce jour, *aucun Marounite* n'est venu en France ni en Europe recueillir des aumônes pour sa nation malheureuse : ceux qui sont venus pour cet objet sont de diverses autres nations. Voici les principaux détails que nous avons obtenus relativement à ces Orientaux.

1° Un patriarche syriaque catholique, Inias Iaroué, habitant à Alep, a parcouru l'Europe pour recueillir des secours pour sa nation.

2° Un évêque syriaque, Abymissir.... est venu en Europe pour le même objet avant la ruine du Liban.

3° Un évêque grec catholique, nommé Toton-gi, d'Alep.

4° Un patriarche grec catholique, Mgr Maze-loum, venu pour affaires politiques en faveur de sa nation.

5° Après la première ruine du Liban, en 1844, il est venu un archevêque marounite à Paris, Mgr Morar, pour affaires politiques auprès du gouvernement français; mais il n'a fait aucune quête : seulement il fut fait un sermon de charité à Saint-Thomas-d'Aquin, et l'argent qui en résulta fut envoyé dans le Liban.

6° Un archevêque de Damas, syriaque, ex-hérétique jacobite converti au catholicisme, a parcouru la majeure partie de l'Europe, recueillant des aumônes pour rétablir sa cathédrale.

7° Mgr Nackar, ex-hérétique jacobite converti au catholicisme, venu en France pour les mêmes raisons que le précédent.

8° Nous devons mentionner encore deux Grecs catholiques, du diocèse de Saaleh, venus pour la même cause.

9° Enfin le P. J. Azar, délégué actuel des Marounites, est venu en France, où il a toujours résidé depuis, après la ruine et les massacres du Liban. Il a rempli sa mission auprès du gouvernement avec la plus louable modération et la plus rare patience, souffrant de dures privations et les amertumes de l'exil : mais il ne s'était jamais lui-même adressé à la bienfaisance publique pour sa nation. La société de secours en faveur de ses compatriotes a recueilli une somme de 10,000 fr., qui ont immédiatement été envoyés dans la montagne par le trésorier et administrateur de la société.

Ainsi le P. Azar et l'archevêque Morar sont les seuls Marounites venus officiellement en Occident. Les Marounites n'ont jamais été compris dans les subventions distribuées par l'OEuvre de la Propagation de la Foi ; mais ils ont reçu des Lazaristes quelques objets et ornements pour les églises ; mais ces objets ont été saccagés, brûlés et pillés en 1844. Quant à leur situation actuelle, il n'y a plus que des débris de leur ancienne prospérité.

GUYOT.

NOTRE-DAME DE NAZARETH.